5 Factores Clave

para

Triunfar

©

Por Olga Toscano .

APLICA   1   TRIUNFA

ISBN: 9781691523870
Editorial MMEC

SERVICIOS, comentarios, información sobre la autora Olga Toscano o preguntas puede hacerlo en www.transformatuvida.net www.asociaciondeescritores.com

Índice

Agradecimientos

A Dios por todas las bendiciones en mi vida, por permitirme inspirarme e inspirar a otros a despertar, hacer cambios, a vivir con excelencia, a encontrar su propósito o tal vez simplemente a sonreír.

A MMEC y sus líderes en especial a Miguel Martín por su paciencia, enseñanzas, consejos y llamadas de atención por hacer de mi sueño una realidad tangible.

Gracias por tu apoyo incondicional.

Dedicación

En esta ocasión quiero dedicarle este libro a ese ser humano que con su ejemplo me deja una gran herencia mi eterno agradecimiento a unos de mis grandes maestros de vida, mi padre Adauto Antonio Martínez Villarreal, desde muy chica recuerdo mi

admiración por este gran hombre que siempre lo vi luchar, trabajar enfocado en darle a su familia no sólo lo que se necesitaba económicamente, también con sus increíbles historias, con su ejemplo nos dio lecciones de vida, las cuales las tengo siempre muy presentes, los valores importantísimos para vivir en armonía y mucho de mis logros, mis fortalezas, de la persona quien soy es gracias a este hombre que definitivamente lo admiro, lo amo, es mi ejemplo a seguir.

Mi padre nació en el año 1938 en la ciudad de Guanaceví, Durango México, cuando él estaba muy pequeño su padre (mi abuelo) los abandonó, así que cuando estaba en cuarto año de primaria veía la necesidad económica y decidió apoyar a su mamá a trabajar, me cuenta que ella hacia comidas para los trabajadores de una mina y el junto con su hermano (mi tío) la llevaba a esta mina localizada en Santa Bárbara, así lo hizo hasta terminar la primaria, de ahí se mudaron a Monterrey , y comenzó la secundaria por las tardes trabajaba en una mueblería alrededor de 3 a 4 horas diarias y por la noche se iba los cines a vender dulces, chicles lo que pudiera, desafortunadamente dejó la escuela para así aportar más a la economía, después de hacer su servicio militar trabajo en transportes San Juan de ahí tuvo una oportunidad de irse a transportes Noreste por varios años y hacía viajes de Monterrey a Saltillo y un día lo cambiaron de ruta hacia Monterrey - Cadereyta y ahí conoció al amor de su vida mi madre en el año 1962 decidieron unir su vida formar una familia.

Ahora ya no solo era él y su madre ahora había formado una familia que muy rápido se multiplico a 8 hijos así que tenía una familia que sacar adelante y se dio la tarea, haciendo equipo con mi madre en casa y el trabajando largas horas al día y fines de semana siguió en el mismo trabajo de transportes hasta el año 1975 apenas tenía yo cinco años cuando él decidió hacer cambios y comenzó un negocio, un negocio familiar (familia política) El cual no terminó también como él hubiera querido, la empresa quebró, lo vi vendiendo ropa en lo que se preparaban sus documentos porque en 1980 tomo la decisión de venirse a Estados Unidos, sin saber el idioma, sin conocer la cultura, ya con 8 hijos tenía que trabajar más ya se venía la edad de ir a la universidad de mis hermanos mayores y eso le preocupaba, a llegar a USA comenzó con un trabajo de carpintería con algunos familiares, después trabajó en la compañía de cable manejando maquinaria pesada, sin experiencia pero la práctica y las ganas de salir adelante y su familia lo impulsaba. Había días de lluvia días de frío, días de calor pero el siempre con sus valores, su responsabilidad, el respeto, trabajaba hasta 12- 14 horas al día después trabajó en fábrica de hieleras por temporadas, después encontró oportunidad de trabajar en refinerías por varios años me recuerdo que había ocasiones temporadas altas donde trabajaba más de 80 horas por semana el aprovechaba todo el tiempo extra ya que el gasto de 8 de familia era grande, siempre se aseguró que mamá estuviera en casa al pendiente de nosotros, viajaba constantemente a Monterrey a vernos a veces cada semana a veces cada 15 días, cada que le fuera posible, en el transcurso de los años nos fuimos viniendo todos para acá, primero los solteros y luego los casados.

Los años pasaron, la energía cambio, el cuerpo se desgasto ya no era tan fácil trabajar tantas horas, después trabajó en una compañía entregando revistas de venta de autos en diferentes áreas en Houston en ese tiempo yo estaba ya en Houston y tenía un trabajo estable de supervisora en una imprenta ahora lo veía llegar cansado sudado, a veces mojado porque no importaba si hacía calor se hacía frío si estaba lloviendo él salía hacer su trabajo y a mí me dolía verlo trabajar así, el comenzó a tener problemas de salud con su corazón y terminó en el hospital, y con un marca pasos, como es muy terco (de ahí mi terquedad) lo convencí a que viniera a trabajar conmigo en la imprenta y desde entonces compartimos tiempo en el mismo trabajo por alrededor de 10 años una bendición para mí.

Ahora mi padre tiene 81 años, está retirado, sigue felizmente casado con mi mamá lo observo y no me canso de admirarlo 8 hijos a los cuales nos brindó las mismas oportunidades, somos personas de bien, nos dio todo su amor, ahora ya con nietos, bisnietos y a pesar de que puedo notar su tristeza en su corazón ya que le tocó vivir la triste experiencia de despedir a su hija Diana la mas pequeña de 5 mujeres verlo sobreponerse del dolor, como es que sigue de pie, fuerte como el roble, y recordando tantas historias que se llena de gozo al platicármelas.

En este resumen su trayecto de lucha y superación que te comparto en estas cortas líneas definitivamente es una historia que ha marcado mi vida. Y a pesar que ya lo hemos hablado yo quiero decirte mi viejo que sabes cuánto te amo y *hoy te dedico este segundo libro inspirado en tu gran ejemplo de compromiso, responsabilidad, de éxito, de excelencia y quiero decirte que te admiro como a nadie en el mundo* y me hubiera gustado darte más satisfacciones, no sé si tus expectativas eran diferentes pero aquí estoy llena de amor y agradecimiento contigo, sé que me entregaste lo mejor de Ti, en mi alma dejas tantas huellas marcadas, en mi mente vivencias únicas y en mi corazón dejas sembrado amor, valores que jamás se irán de mi vida. Sin duda hiciste un gran trabajo utilizando tus mejores herramientas.

Gracias, Gracias, Gracias Te Amo. La Pollo.

Introducción

"No se trata de una personalidad magnética, eso puede ser sólo facilidad de palabra. tampoco de hacer amigos o influir sobre las personas, eso es adulación. El liderazgo es lograr que las miras apunten más alto, que la actuación de la gente alcance el estándar de su potencial y que la construcción de personalidades supere sus limitaciones personales".

Todo comienza por nosotros, Yo soy el principio de todo. Acepto que soy un ser emocional y no me puedo negar al hecho, sé que no hay emociones negativas sino efectos negativos y yo puedo controlar los efectos y conocer y utilizar las emociones como herramienta. Te invito a que utilices tus emociones como herramienta para que ahora sean tu gran motor.

"Se maestro de tu propio destino." - Olga Toscano

Tener una estrategia es crucial, son los pasos a seguir los que nos lleva a los resultados, y hay que crearlas a nivel consciente teniendo una mente abierta, permitiendo que el entendimiento fluya en tu vida, poniendo la página en blanco y sin expectativas estresantes.

Elevar nuestros estándares, la sabiduría es esencial, pero lo que resuena dentro de ti es *la clave*. Escucha tu interior cuando sientes que conectas, verás la oportunidad de ver diferente y comenzarás a crear tu realidad, no te enganches con el Intelecto que muchas veces nos limita porque su función es el razonar, ábrete al entendimiento donde comenzamos a ser un todo, a la creatividad, a soñar a inspirarnos, a la innovación.

En algunas ocasiones comenzarás como cuando sacas la cebolla en la cosecha, con tierra, raíces. Tendrás que ir quitando lo que te estorba, la tierra, cortando raíces, eliminando cada capa hasta llegar así al producto deseado el que si te sirve.

Valora tu progreso y no juzgues el proceso, desengánchate de lo que ya sabes, adopta una actitud de curiosidad, date la oportunidad de lo nuevo, no es una carrera contra el tiempo, y cada recorrido es una carrera personal, date el permiso de ser humano, pero no seas conformista, vive la experiencia como una escuela donde escuchas a tu maestro interno y aprendes a disfrutar la clase.

Cada uno de nosotros tenemos la capacidad de crear lo que pensamos, lo que queremos porque existe, está ahí, recuerda que el hecho de que el ciego no pueda ver el cielo azul o un sordo no pueda escuchar cuando rompen las olas Del Mar No significa que no existan.

Cuántas veces te has preguntado ¿porque no tengo RESULTADOS? La respuesta que he encontrado al someter una encuesta a más 100 latinos es la siguientes: No tenemos claro lo que se necesita para TRIUNFAR y lamentablemente dejamos el éxito al azar del destino.

En este nuevo libro de manera clara recibirás 5 factores CLAVE para que tengas resultados lo que aquí llamamos TRIUNFAR.

"Invierte tu tiempo en mejorarte a ti mismo por medio de lo que otros

hombres escribieron, ya que de esa manera obtendrás fácilmente lo que a esos otros hombres les costó tanto trabajo lograr" –

Sócrates, filósofo griego.

"El mundo necesita soñadores, el mundo necesita hacedores, pero sobre todo el mundo necesita soñadores que hacen". - Sarah Ban Breathnach

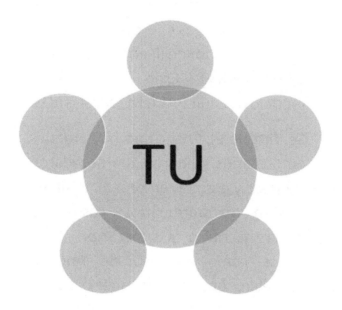

Les compartiré la historia de uno de los hombres que más impactó a este país y planeta con su ejemplo, tanto con su estilo de vida como los resultados económicos. Lo ingenioso de su biografía es el proceso que vivió para llegar a donde llegó y en lo que se TRANSFORMÓ. Creo es un gran modelo a seguir PARA NO NOSOTROS.

Se dice de él: "Así como hay grandes empresarios y líderes que heredaron riquezas y grandes empresas, también existen extraordinarios casos de lucha, sacrificio y superación. Pero pocos como el caso de Andrew Carnegie, un hombre que pasó de sobrevivir hambruna y pobreza a convertirse en el segundo hombre más rico en la historia, para luego donar gran parte de su riqueza a construir bibliotecas, universidades y combatir la desigualdad mundial. Sin duda todo un ejemplo a seguir.

"Entre más viejo me hago, pongo menos atención a lo que los hombres dicen. Sólo observo lo que hacen".

Andrew Carnegie fue la representación en vida de un empresario self-made, la materialización del llamado "Sueño Americano", un hombre que de niño dormía temprano cada noche esperando sus sueños le hicieran olvidar su miseria y el hambre, y que finalmente llegará a convertirse en el hombre con la segunda riqueza más grande en la historia." – biografía de Andrew Carnegie Fuente: Wikimedia Commons.

Indiscutiblemente es un hombre que "se hizo a sí mismo" camino al que debemos someternos si deseamos llegar pronto a nuestro destino. En nuestra maleta de viaje no debe faltar las siguientes herramientas así que comenzamos con la primera.

Factor 1

La Administración

"No espere. Nunca va a ser el momento justo. Empiece en donde usted se encuentra y trabaje con las herramientas que pueda tener a su disposición ahora, y mejores herramientas van a ir apareciendo a medida que usted va avanzando", Napoleón Hill, famoso emprendedor estadounidense (discípulo de Dale Carnegie)

"La Administración es el proceso de planificar, organizar, dirigir y controlar el uso de los recursos y las actividades de trabajo con el propósito de lograr los objetivos o metas propuestas de la organización de manera eficiente y eficaz. Permite implementar nuevas estrategias para el logro de las metas para tener éxito en tu proyecto." –

www.es.wikipedia.org/wiki/Administración

"Una administración de recursos inteligente te ahorrará muchos problemas." - Olga Toscano

Es muy conveniente, ten siempre presente hacia a dónde vas y tener claros y presentes los recursos con los que cuentas para llegar, esto te ayudará a definir mejor tus límites y a cuidar mejor lo que tienes. En el camino podrás agregar más recursos necesarios, pero es muy importante *utilizar lo que tienes* y apreciar así evitarás mucho estrés innecesario. Por eso te invito a que determines hacia dónde vas.

Desarrollar un programa de acciones te ayudará siempre a seguir los pasos correctos, de esta manera evitarás contratiempos o estarás preparado contra cualquier eventualidad que pueda suceder. Planificar el plan a seguir en cada objetivo te brindará mejores resultados, ahorrarás tiempo y esfuerzo. A esto le llamamos **Plan de Acción.**

Lleva un buen inventario: Uno de los procesos que te será de más utilidad a la hora de llevar tu negocio es un inventario, desde el jabón para la limpieza de la oficina, llevar estas listas de manera eficaz te ahorrará muchos dolores de cabeza, habrá artículos que podrás adquirir en mayoreo y así poder ahorrar dinero y tiempo pero si al comienzo no es posible para ti no te preocupes pero mantenlo en mente para el futuro, esto aplica desde la lista del mandado en casa, cuando sales de viaje, para los artículos de oficina etc...

Establece los procedimientos: Atención al cliente, servicio, limpieza, administración, inventario, llamadas, redes sociales, ofertas, eventos etc... optimizar tus métodos siempre te dará una ventana para ahorrar recursos. La agenda, el libro de registro de llamadas te será de gran utilidad especialmente si hay que dar un seguimiento, recordatorios, crear promociones.

"La administración es el órgano de las instituciones, el órgano que convierte a una multitud en una organización y a los esfuerzos humanos en acciones." - Peter Druker

No te endeudes: revisa bien tu presupuesto si no tienes lo suficiente haz actividades que te ayuden a conseguir lo faltante y evita los créditos bancarios, préstamos etc... solo compras "para tu negocio" lo necesario y si no lo necesitas, déjalo ir.

Mantén una buena reputación: No te olvides de mantener una buena relación con tus clientes, son la parte vital de tu negocio. Toma cursos de atención al cliente recuerda que ellos siempre tienen la razón, aunque no lo sientas así, es mejor un cliente contento que molesto.

Capacítate continuamente: sea que seas empleado (a), ama de casa, o seas dueño de tu propio negocio nunca dejamos de aprender aún no lo sabes todo, no caigas en ese error.

La educación continua y trabajo constante son parte de la clave para el éxito, sigue aprendiendo y motiva a tus hijos, familia, amigos, empleados, socios a seguir adelante.

Toma Talleres para seguir puliendo tu persona, tu comunicación, tu arreglo personal, administrativos, emociones, espirituales, artísticos, meditación etc... Nunca pares el conocimiento es una herramienta muy poderosa y efectiva.

Talento y Suerte pueden facilitarnos el camino y también pueden hacer que lleguemos un poco más lejos de lo que llegaríamos sin ellos, pero NO son la clave del éxito.

Lo fundamental es la determinación de querer aprender.

"Al fin de al cabo, gestionar bien no es otra cosa que dar el mejor de los usos a unos recursos que son escasos y siempre tendrán usos alternativos" - Ana Cabeza.

INSPÍRATE CON ESTA HISTORIA EJEMPLAR: "Andrew Carnegie nació el 25 de noviembre de 1835 en una humilde casa en Dunfermline, una ciudad escocesa en el Reino Unido, en una familia de maestros tejedores.

Su infancia fue sumamente complicada debido a las carencias económicas de su familia, lo cual los obligó a mudarse a Estados Unidos en 1847, estableciéndose en Allegheny, Pensilvania, en donde residían dos tías.

Viviendo toda su familia en una habitación, el primer trabajo de Andrew Carnegie fue a los 13 años cambiando carretes de hilo en una fábrica de tejidos de algodón, trabajando 12 horas al día, seis días a la semana.

Para 1851 consiguió trabajo como telegrafista en una oficina de Ohio Telegraph, ganando 2 dólares a la semana. En este trabajo desarrollaría una de sus más grandes pasiones: la lectura, en especial obras de William Shakespeare.

Así mismo, parte de su trabajo incluía llevar esporádicamente mensajes al teatro, por lo que se las arregló con el gerente para llegar antes de que se levantaran las cortinas y éste le dejaba ver el espectáculo gratis.

En 1853 y a sus 18 años, Carnegie conseguiría un trabajo que le cambiaría la vida. Fue contratado por Pennsylvania Railraod Company para trabajar como secretario y telegrafista por un sueldo de 4 dólares a la semana.

Rápidamente su pasión por la lectura y sus habilidades le ayudaron a subir de puestos hasta que a los 20 años se convirtió en Gerente de la estación de Pittsburg, además de ser el aprendiz de Thomas A. Scott, dueño de la compañía.

Scott ayudó a Andrew Carnegie a realizar sus primeras inversiones con sus ahorros, invirtiendo en coches cama para la misma compañía y reinvirtiendo sus ganancias en la industria del hierro, puentes y rieles, todo sobre la industria ferroviaria.

Durante la Guerra de Secesión, Carnegie fungió como superintendente de los Ferrocarriles Militares, ayudando a abrir líneas férreas rumbo a Washington. También trabajó en las líneas de telégrafos del Gobierno de la Unión del Este, de ahí el motivo de su característica cicatriz en la mejilla.

Luego de la guerra, decidió abandonar la industria ferroviaria y dedicarse al comercio de la fundición de hierro, invirtiendo en compra de campos de mineral y obteniendo grandes dividendos gracias a la reducción de costos al realizar producción en masa, naciendo así Carnegie Steel en 1870.

Diez años después de su creación, Carnegie Steel era la mayor fábrica industrial de arrabio, rieles de acero y coque en el mundo.

Para 1888 Carnegie compró a su empresa competidora, Homestead Steel Works, la cual contaba con una enorme planta junto a un suministro de carbón y minas de hierro, así como una flota de barcos de vapor.

Finalmente, en 1892 decidió fusionar las dos empresas y las de sus asociados para crear Carnegie Steel Company.

Durante varios años, Carnegie Steel Company fue la empresa más rentable del mundo, pese a ello en 1910, Andrew Carnegie decidió vender la compañía por 480 millones de dólares a J.P. Morgan, quien años más tarde la convertiría en U.S. Steel.

Desde entonces y hasta sus últimos años de vida, Carnegie decidió invertir su dinero en la filantropía, construyendo bibliotecas y creando instituciones de educación e investigación.

Andrew Carnegie murió el 11 de agosto de 1919 en Lenox, Estados Unidos, a causa de una neumonía." - biografía de Andrew Carnegie Fuente: Wikimedia Commons.

Laboratorio / Creando un nuevo SER

Academia De Transformación ©

1. **Consciencia:** Todo comienza por nosotros.

   ¿En que necesitas hacer consciencia? Escribe respuesta:

   _____

   _____

_____

_____

_____

2. **Responsabilidad:** Yo soy el principio de todo.

   Tomaré responsabilidad en:

   _____

   _____

   _____

   _____

   _____

3. **Empoderamiento**: Acepto que soy un ser emocional.

   Mis anclas emocionales son:

   _____

   _____

   _____

   _____

   _____

4. **Poder:** No me puedo negar al hecho por eso hago.

Mi agenda 7 deseos son y me dedicare a ello:

_____

_____

_____

_____

_____

5. **Intuición:** Sé que no hay emociones negativas sino efectos negativos.

Efectos negativos que evitare, pero reconozco con obstáculos:

_____

_____

_____

_____

_____

6. **Autoridad:** Yo puedo controlar los efectos.

Declaro los siguientes efectos en mi vida, negocio, familia, comunidad:

_____

_____

_____

_____

_____

7. **Liderazgo Interior:** Uso las emociones como herramienta.

Me comprometo aplicar liderazgo en:

_____

_____

_____

_____

_____

8. **Administración:** Todo lo pongo en orden, es mi responsabilidad.

Áreas que organizare y pondré en orden es:

_____

_____

_____

_____

_____

9. **Recursos:** Usó inteligentemente lo que poseo.

Dejaré de buscar cosas, usare lo que ya poseo, mis recursos son:

_____

_____

_____

_____

_____

10. **Planificación:** soy el dueño del efecto experimentado por eso planifico usando bien mis recursos.

Mi visión es:

_____
_____
_____
_____
_____

Mi Misión es:

_____
_____
_____
_____
_____

Mis metas son:

_____
_____
_____

_____

_____

_____

_____

_____

_____

_____

_____

_____

11. **Resultados:** Soy el resultado de mis deseos claramente establecidos.

Deseo los siguientes resultados para este año

_____

_____

_____

_____

_____

_____

_____

_____

_____

_____

_____

_____

12. **Creación:** Me reinvento para SER mi propio destino.

Recreare mi carácter en los siguientes hábitos, pensamientos, debilidades:

_____

_____

_____

_____

_____

_____

_____

Innovare en:

_____

_____

_____

_____
_____

Evaluaré mis negocios, emprendimientos, proyectos etc.:

_____
_____
_____
_____
_____
_____
_____
_____
_____
_____
_____

Incrementare mi economía en los siguientes números:

cantidad:_____

en un periodo _____

fecha de logro_____

cantidad:_____

en un periodo _____

 fecha de logro_____

cantidad:_____

en un periodo _____

fecha de logro_____

cantidad:_____

en un periodo _____

fecha de logro_____

cantidad:_____

en un periodo _____

fecha de logro_____

"Para hacer que una lámpara esté siempre encendida, no debemos de dejar de ponerle aceite". - Madre Teresa de Calcuta.

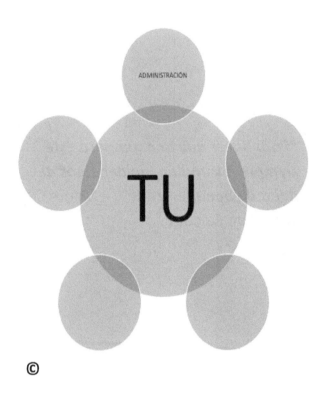

ADMINISTRACIÓN

TU

©

Factor 2

El Tiempo

"Si no valoras tu tiempo, tampoco lo harán otros. Deja de regalar tu tiempo y talento. Valora lo que sabes y comienza a cobrar por ello". - Kim Gars

"Debido a su pobreza, Carnegie no contó con estudios, toda su educación fue autodidacta. Su gusto por la literatura nació cuando trabajó como radiotelegrafista en Pensilvania en donde llegó a dominar los sonidos al un punto de poder traducir al momento sin tener que escribir."

– biografía de Andrew Carnegie Fuente: Wikimedia Commons.

Lección: La educación fue su vehículo de éxito, **autodidacta, basado en la lectura de libros.** Los mismos pasos que llevas tú y por eso estás leyendo otro de mis libros porque consciente o inconsciente estas caminando el camino de del famoso Andrew Carnegie.

Hablemos ahora del *valor del tiempo como factor de TRIUNFO en este capítulo.*

¿Alguna vez te has puesto a pensar en el tiempo que desperdicias todos los días?

El Tiempo es un regalo tan maravilloso que nos da la vida sin importar edades, condiciones, religión, bueno o malo, alto o bajo, nacionalidad etc. Un verdadero regalo el cual para muchos es muy poco apreciado por no tener conciencia de lo valioso que es, cómo utilizarlo y disfrutarlo.

Si te sucede que el día se te va volando y que no terminaste tus tareas o que ni siquiera las comenzaste, no creas que solo a ti te pasa, cada año tenemos 365 días y cada día 24 horas en total 8,760 horas por año multiplicadas por los años que tienes = a ....

En mi vida han transcurrido 429, 240 horas, horas que no he tenido que comprarlas me han sido entregadas, depositadas en mi cuenta las use, las malgaste, no importa me han sido entregadas sin condiciones, con la libertad de usarlas como más yo parezca, ahora me doy cuenta que he desperdiciado algunas, no todas, pero si visualizo lo que he logrado en cuanto a mis metas, sueños, proyectos, bueno seré realista si he desperdiciado muchas, y aunque a veces queremos controlar, parar o regresar el tiempo es imposible y esas horas que son un regalo terminamos pagando un precio grande por no saber aprovecharlas.

En muchas ocasiones cuando por desperdiciar el tiempo por diversas situaciones y perdía mis objetivos me dolía, me arrepentía y pensaba como dice la canción: ¡Daría lo que fuera por tener tan solo unos segundos para desaparecer!, o la frase: "Daría tantas cosas porque este mundo no girara tan deprisa."

Vivimos en constante cambio, en constante evolución, sumidos en rutinas estresantes, viendo cómo el tiempo se nos escapa de las manos sin que seamos plenamente conscientes de ello.

¡Cada instante es único!, la verdadera felicidad reside en valorar el tiempo y emplearlo para vivirlo al máximo, si dejamos pasar el tiempo sin hacer nada pronto te darás cuenta de que solo vivimos una única vez.

El tiempo es un depósito que se nos hacen a nuestra cuenta todos los días los 365 días del año y por el resto de tu vida ya sea que lo utilices, lo inviertas o lo malgastes *al siguiente día te los depositan y tenemos la libertad de determinar cómo será gastado y que tengo que cuidar que otras personas no lo gasten por mí.*

Cuando comprendemos el valor tan trascendente que tiene lo que hacemos con nuestro tiempo, tenemos un gran cambio, un despertar. Cada día, hora y segundo, es una porción de nuestra vida que no se repetirá jamás, el tiempo en este mundo, es en sí, nuestra vida misma, porque todo se trata de momentos vividos, de etapas especial y de tiempo invertido.

Utilizar con sabiduría el tiempo para realizar algunas cosas, y dejar de usarlo para otras, es una de las decisiones más grandes si queremos resultados satisfactorios.

"La gestión del tiempo es una habilidad importante que debes desarrollar." - Olga Toscano

Para gestionar tu tiempo, deberás usarlo de forma productiva trabajando en el entorno adecuado y asignándoles un grado de prioridad a las tareas. Minimiza las distracciones apagando tu teléfono y cerrando las redes sociales siempre que sea necesario. Deberás seguir un horario diario que te permita aprovechar cada día al máximo.

Gastos hormiga

Tal vez has escuchado sobre la Filosofía de la hormiga, Hay un ejercicio que en lo personal me ayudó a encontrar esos pequeños llamados gastos hormiga en mi área de las finanzas.

Es un ejercicio que lo puedes aplicar tanto en tu economía como en el uso de tu tiempo, y así poder ajustar y lograr que tu tiempo sea aprovechado a lo máximo para alcanzar tus objetivos.

Son esas actividades que nos roban el tiempo y lo primero que debes hacer es identificarlos, piensa en aquellas cosas que consideras necesarias para tu satisfacción personal o profesional y aquellas que no. Ya que la mayoría de las personas no se dan cuenta de cómo esos ladrones llegan y les abrimos las puertas

Veamos algunos ejemplos de los Ladrones de Tiempo, como esa

hormiguita viene y se lleva poco a poco tu tiempo:

- Cuando suena el despertador... pedirle cinco minutos más y apagarlo.
- Abrir las redes sociales antes de levantarse y alistarse.
- No prepara tu ropa la noche anterior.
- No tener tu agenda con las actividades del día lista.
- No tener objetivos claros del día.
- Prender la televisión en horarios productivos.
- Estar al pendiente de la vida de otra persona o tratándola de resolver.
- No saber decir "NO".
- No saber delegar.
- Falta de concentración.
- Aplazar tareas.

Estos entre otros sin olvidar que hay muchas personas que nos hacen gastar el tiempo, y lo peor que la mayoría de las veces lo hacen con nuestro consentimiento debido a que no valoramos nuestro tiempo como es debido.

Trata de Organizarte con Eficacia y prepara un plan diario de Acción, teniendo tus objetivos claros, prioridades tanto en tu vida personal como profesional.

Aprovechar lo máximo de tu día, **comienza por levantarte** más temprano.

Estudiando la vida de algunas de las personas exitosas como **Steve Jobs** entre otros, él se levantaba temprano entre 4:30 am, 5:00 am y comenzaban sus tareas con meditación, escritura, lectura, ejercicios etc., actividades que necesitaba hacer en silencio, solo y sin interrupciones **y lo hacía mientras otros dormían.**

Él tenía claro sus principios, y decía: Ten **visión** de lo que quieres ser, dentro de Un año, de 5 de 10 años; **Concéntrate en lo positivo** ver el vaso "medio lleno es una cuestión de actitud; **si fallas sigue adelante**, no temas al fracaso ya que no es el final del camino, el fracaso es la oportunidad de aprender y mejora; **encuentra un socio adecuado** aquel que complemente tus habilidades; **Los obstáculos** son oportunidades disfrazadas cuando hay voluntad, hay un camino.

Asume riesgos es necesario para seguir adelante; **Rodéate de gente Positiva con fuerza** que aporten a tu proyecto, te den ánimos; **Viaja** cuantas veces puedas, viajes cortos de una ciudad a otra te ayudará abrir horizontes; **Aprende de los demás,** siempre estar en modo de estudiante observando y aprendiendo y por último: **Recuerda que vas a morir pronto** fue su mejor herramienta para ayudarle a tomar las más grandes decisiones en su vida.

El Tiempo no se pierde, se gasta es común en nuestra sociedad escuchar expresiones como *"He perdido el tiempo haciendo esto"*. El tiempo no se puede perder, sino que se gasta en una cosa o en otra simplemente que ha pasado. Tal vez no se ha hecho aquello que se tenía pensado, o que se debía hacer, pero algo ha ocurrido en cada instante, por ejemplo, en estos momentos pudiera estar en cama durmiendo, pero he decidido escribir estas líneas, hay otras personas que están viendo televisión, otras ejercicio, compras, iglesia, el tiempo como verás no se pierde simplemente se gasta en lo que tú decides gastarlo.

- Así que no te lamentes por lo que antes no hiciste bien, porque eso sí que es perder el tiempo. No puedes hacer nada con el minuto que ya pasó, pero tienes todo para aprovechar el minuto que viene.

- Dicen por ahí que el tiempo es la medida de nuestra existencia, y un recurso indispensable pero escaso, por eso, como todos los bienes hay que saber cuidarlo y aprovecharlo. Úsalo con eficiencia, sin descuidar tu salud física, espiritual y emocional, porque de nada vale el tiempo si no estás tú para aprovecharlo. Descubrir si estás siendo productivo o solo estás ocupado y una excelente manera para apoyar en la administración del tiempo es una Agenda física que la tengas frente a ti, contigo en todo momento.

Ocupado a Productivo

"Los hombres hablan de matar el tiempo, mientras que el tiempo en silencio los mata", dijo Dion Boucicault, el dramaturgo y actor irlandés.

Comienza el año y lo primero que compras es una agenda y está muy bien, pero déjame decirte que no solo se necesita ser propietario de una agenda, hay que usarla correctamente ya que te ayudará a vivir tu vida al máximo y a evitar que el tiempo perdido agote tus días. Te permite utilizar tu tiempo de manera más productiva y centrarte en lo importante.

¿Cómo utilizar la agenda correctamente?

Recuerda que la forma en que vas a afrontar tu día no depende tanto de la cantidad de cosas que tienes que hacer.

Por eso es importante que una vez que tengas decidido que es lo que quieres lograr en el año puedas dividir en pequeñas tareas mensuales, semanales, diarias que te van a llevar a alcanzar tus objetivos. Y necesitas crean un plan diario de acción.

Define tus prioridades por una jerarquía de niveles de tu perspectiva:

- Tu propósito en la vida.
- La visión de tu futuro.

Tu Agenda debe ser sagrada que todo lo que escribas ahí tiene que ser ejecutado en el día y el tiempo establecido para evitar estrés y aumentar tu lista de urgencia.

Por eso es importante conocer la diferencia de estar ocupado a ser productivo veamos la diferencia y así no te abrumas llenando de actividades tu agenda las cuales no te llevan a la productividad efectiva hacia la meta.

El hecho que no te complete el día para terminar tus actividades te comento que muestra que "**estar ocupado no es precisamente ser productivo." Te comparto el siguiente articulo con extraordinarios puntos sobre PRODUCTIVIDAD en www.entrepreneur.com**

"Las personas productivas no se centran en las horas de trabajo, sino en los resultados: entregan su trabajo en tiempo y forma y superan las expectativas, saben organizar sus tareas.

Las personas ocupadas quieren hacerlo todo a la vez, pues quieren quedar bien con todo el mundo: contestan llamadas y correos, dejan lo más importante para el final, por eso siempre están corriendo, mal política.

En cambio, las personas productivas planean su día desde temprano y comienzan por resolver las tareas más importantes. Saben lo que quieren y se dedican a ello día y noche hasta tener éxito.

Hacen lo verdaderamente importante. Las personas ocupadas no saben decir "no" ni son organizadas; por eso, su día se pasa en resolver tareas pequeñas, ésas que poco tienen que ver con los objetivos generales de la empresa.

Por otro lado, las personas productivas enfocan su atención en formular ideas innovadoras y hacer lo necesario para convertirlas en proyectos.

Se enfocan en resultados. Las personas ocupadas centran toda su atención en los procesos, suelen encontrar mil y una trabas para concretar una tarea. Por eso, con frecuencia dejan los pendientes sin terminar.

Las personas productivas planean sus actividades con cuidado, establecen plazos y los cumplen. Dejan que los resultados hablen por sí mismos.

Tienen tiempo de todo. Curiosamente, las personas más productivas son tan organizadas que siempre encuentran tiempo para todo: para terminar su trabajo a tiempo, irse a casa, pasar tiempo con su familia, tener pasatiempo.

Por el contrario, las personas ocupadas no hacen más que quejarse de lo ocupadas que están y siempre están cansados, esto roba a su propia eficacia. Si estas comprendiendo el tema aprenderás a decir no y te enfocaras no a estar ocupado sino a ser productivo.

Hacen una cosa a la vez. Las personas ocupadas creen que ser multitaskes una virtud, y por eso intentan hacer todo a la vez. Pero, al final del día, completan pocas tareas y están plagadas de estrés. Por eso eso crucial cuidar tu tiempo y darle dirección con objetividad.

Las personas productivas saben que para ser más eficientes es preciso hacer una sola cosa a la vez. La organización le persiguen los resultados y a los resultados le persiguen la satisfacción y el tiempo les aumenta además de que cuentan con buena salud.

Se mantienen actualizadas. Las personas ocupadas están tan ocupadas que nunca tienen tiempo de leer, tomar cursos o asistir a encuentros relacionados con su profesión

Las personas productivas conocen la importancia de invertir tiempo en mantenerse actualizadas, pues esto les permitirá hacer mejor su trabajo.

Planean y actúan. Las personas productivas son ágiles a la hora de resolver problemas. No se quejan de su mala suerte, desmenuzan los inconvenientes ni piensan en mil pretextos para no hacer las cosas: analizan la situación, crean rápidamente un plan de acción y lo llevan a cabo sin pensarlo demasiado. No ofrecen pretextos, sino soluciones.

No viven estresadas. ¿Recuerdas el conejo de Alicia? Las personas ocupadas son más o menos así: siempre tienen prisa, y paradójicamente, pocas veces alcanzan sus metas a tiempo. Suelen ser personas ansiosas, nerviosas, estresadas e irritables.

Las personas productivas no se estresan a la menor provocación, pues no trabajan contra el reloj y saben mantener sus emociones bajo control.

Viven el momento. Las personas productivas enfocan sus pensamientos en una sola cosa, y eso es lo que están haciendo en ese momento. Si están con su familia, no están pensando en el trabajo. Si están en el trabajo, no están pensando en la hora de salida. Saben que cada cosa tiene su tiempo.

Siempre están preparadas. Las personas productivas se anticipan a las situaciones, por lo que rara vez éstas las encuentran desprevenidas. Saben cómo reaccionar a cada situación, y lo hacen de manera calmada y pensante." - www.entrepreneur.com

Así que, para gestionar tu tiempo, y descubrir si lo estas usando de forma productiva, trabajando en el entorno adecuado y asignándoles un grado de prioridad a las tareas. Minimiza las distracciones apagando tu teléfono y cerrando las redes sociales siempre que sea necesario. Deberás seguir un horario diario que te permita aprovechar cada día al máximo.

Si nuestro día tiene 24 horas y saludablemente tenemos que dormir entre 7 a 8 horas nos restan 16-17 horas cada día. ¿Como las utilizarías las siguientes horas?

5:00am

_____

_____

6:00am

_____

_____

¡Utiliza tu agenda!

La Cima de la Satisfacción

Academia de Transformación ©

1.- Comienza por crear, ambientar un espacio donde vas a trabajar.

¿Donde?

_____

2.- Haz una lista de las cosas que tienes que hacer en cualquier área de tu vida esas cosas que no son negociables para ti que se tienen que hacer. Cómo el ejercicio, la iglesia, el trabajo, el descanso etc.

Escribe:

_____

_____

_____

_____

_____

_____

_____

_____

_____

_____

3. - Trabaja en la lista clasificándolas de urgentes- importantes – por hacer recuerda actividades que tienes que hacer para lograr tus objetivos ejemplo, si tienes que terminar un informe para el trabajo, esta sería una tarea urgente. Si tienes que empezar otro proyecto de trabajo, pero la fecha límite es dentro de 2 semanas, esta sería una tarea "importante, pero no urgente". Si te gustaría salir a correr después del trabajo, pero no es algo vital, esta tarea sería de "baja prioridad".

Y así podrás contestar si realmente ¿Estás ocupado? o ¿estás Productivo?, y te darás cuenta si has desperdiciado el tiempo anteriormente o no.

El tiempo una vez pasado no puedes hacer más para recuperarlo. Lamentarse por haberse perdido cosas, por haber dejado pasar el tiempo: mientras dormías, comías, trabajabas no es sano para nadie.

Si hoy descubres que has desperdiciado mucho tiempo, hoy debes hacer algo para remediarlo. Sin lamentarte por todo lo que perdiste (eso sería volver a perder el tiempo).

No te lamentes por el pasado, disfruta el presente y vívelo intensamente. El pasado ya se fue, el futuro no está escrito, el presente es lo que vale y como dicen por ahí *"Haz que cada segundo cuente".*

INSPÍRATE CON ESTA HISTORIA EJEMPLAR: Además de su éxito como empresario y filántropo, Andrew Carnegie escribió múltiples libros destacando "Triumphant

Democracy", de 1886. Libro en el que idealiza el progreso angloamericano y crítica a la familia Real Inglesa, lo que generó gran controversia en el Reino Unido.

Se casó el 22 de abril de 1887 con Louise Whitfield en una ceremonia privada. La pareja únicamente procreó a una hija, Margaret Carnegie quien nació el 30 de marzo de 1897.

Andrew Carnegie es considerado el segundo hombre más rico en la historia, según cálculos realizados por la revista Forbes, acumulando una fortuna en 1909 de más de 479 millones de dólares.

Hoy en día ese patrimonio tendría un valor estimado superior a los 408 mil millones de dólares, más de cinco veces más de lo que posee Bill Gates, el hombre más rico del mundo en la actualidad." - biografía de Andrew Carnegie   Fuente: Wikimedia Commons.

El Cuadrante del Uso del Tiempo

Academia de Transformación ©

Dormido No aprecia el tiempo	**Ocupado** No usa una agenda
Pasivo No tiene propósito	**Productivo** Vive con una agenda

¿Cuál de los 4 es tu expertis hoy día?

¿Cuál de los 4 te gustaría ser?

¿Cuál de los 4 serás?

¿Qué agendas usas?

Si no tienes una adquiere la agenda PRO en nuestra página web

www.transformatuvida.net

"Lo peor no es que las cosas no salgan como esperábamos. Lo peor es vivir mortificados el resto de nuestra vida pensando ¿que hubiera sido de haber tenido el coraje de intentarlo". - Ana Cabezas

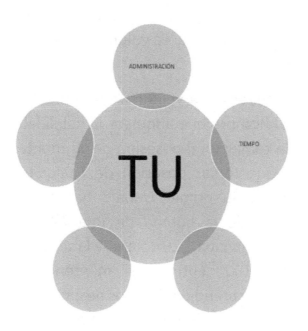

Factor 3

La Voluntad

Hay una fuerza motriz más poderosa que el vapor, la electricidad y la energía atómica: La voluntad. - Albert Einstein

El poder de la voluntad dijo Andrew: "El hombre que adquiere la habilidad de tomar total posesión de su mente puede tomar posesión de cualquier cosa". Su primer trabajo fue como chico de la bobina de una fábrica textil, ganaba 1.20 dólares a la semana más 100 céntimos si mantenía la caldera prendida; 35 años después era dueño de la empresa de hierro más rentable del mundo.

Cabe destacar que su experiencia en el telégrafo, así como en la industria ferroviaria, hizo de este escocés un elemento fundamental durante la

Guerra Civil Estadounidense." — biografía de Andrew Carnegie Fuente: Wikimedia Commons.

"Fuerza de voluntad: es la capacidad humana que podemos aprender y desarrollar como a un músculo, entrenándola como hacen los atletas..." — www.lamenteesmaravillosa.com

Cuando decides emprender algo en tu vida, sea un proyecto personal, empresarial, físico, etc. además de conocimiento y habilidades siempre vas a necesitar tener fuerza de voluntad para lograrlo.

Será la ausencia o la presencia de ella la que te conducirá al fracaso o al éxito.

La fuerza de voluntad es lo que te ayudará a continuar, aunque tengas ganas de rendirte, incluso es lo que te ayuda a seguir con la dieta y el ejercicio necesario para bajar de peso.

Hacer un contacto más para lograr tu meta de ventas, la que te ayuda a escribir un párrafo más para tu libro, aunque estés cansado.

Te confieso que a pesar de toda la emoción, el deseo de comenzar a escribir este libro al principio me excusaba en otros proyectos, en el tiempo, en circunstancias, *pero la verdadera realidad era la falta de voluntad* cuando me di cuenta que en mi corazón estaba el deseo y el amor y pensaba en el compartir con ustedes este valioso material así que me dije a mi misma 'si tienes el deseo, la motivación, la ilusión qué pasa?, por qué no comenzar qué ingrediente falta' y leí un artículo que decía:

Si en algún momento sentimos que no tenemos fuerza de voluntad, podemos preguntarnos:

¿Qué creemos que se debe hacer?

"¿Estás haciendo lo que tu realmente quieres, algo que verdaderamente buscas con el corazón?

¿Piensas que vale la pena la dedicación?

¿Crees que te es POSIBLE conseguir?

¡Cuestionarte! ...

Mis respuestas fueron si, si, si así que, ¡lo único que me faltaba era fuerza de voluntad!

¿Y cómo tener fuerza de voluntad?

La voluntad **necesita ser educada**, formada, orientada porque no nace ya hecha, sino que se irá desarrollando y creciendo haciéndose fuerte a base de entrenamiento en determinadas acciones.

Cada persona es diferente, con un temperamento que la caracteriza y distingue de los demás, no hay dos personas iguales, cada uno tenemos nuestras propias debilidades de la voluntad.

Piensa, ¿cómo sería tu vida en estos momentos si fueras de las personas que hicieras lo que tienes que hacer independientemente si deseas hacerlo o no?

¿Dónde estarías ahora, cómo serían tus relaciones?

¿Cómo estaría tu estado físico?

¿Tu economía?

Si analizamos bien nos daríamos cuenta de que todos nosotros pudiéramos estar mucho mejor si hubiéramos tomado mejores decisiones, pero por falta de voluntad no lo hemos hecho.

"En la universidad de Stanford en 1960 hicieron una evaluación seleccionando algunos estudiantes les dieron un bombón y les dijeron que no podían comer el bombón hasta que el maestro regresara que tardaría alrededor de 20 minutos, si lo lograban les darían otro, en resumen se comían 1 ahora o 2 después, algunos estudiantes no resistieron y otros lo lograron, al continuar la investigación se dieron cuenta que los estudiantes que si esperaron los 20 minutos a que regresara el maestro a clase ahora eran más exitosos, eran más saludables, habían logrado metas establecidas, y eficazmente enfrentaban situaciones de frustración y se pudo demostrar la importancia que es tener fuerza de voluntad en nuestras vidas." – www.lamenteesmaravillosa.com

"Cultivar la voluntad es una virtud" – Olga Toscano

"La educación no cambia el mundo, cambia a las personas que tienen que cambiar el mundo". - Paulo Freir

La fuerza de voluntad en realidad se relaciona en tener autocontrol y la autodisciplina para manejar metas que están en conflicto y lograrlo hace que nos sintamos mejor por el beneficio a largo plazo que obtendremos.

La Actitud es muy importante ya que el asumir la responsabilidad del proyecto y el compromiso para realizar las tareas requeridas para alcanzar tus objetivos es clave. La Actitud muestra la verdadera fortaleza de un ser humano, muestra el modo en que afronta la vida o a una situación concreta.

La felicidad no depende de las circunstancias externas sino de la actitud interna. La actitud es el 80% del éxito de una vida feliz y muy productiva.

La energía llena tu vida de energía con buenas vibras, realiza rutinas de ejercicios, aliméntate correctamente según tu condición física, edad, ajústate a tu tiempo, espacio, pero asegúrate de realizarlo. No vivas en el pasado y no te obsesiones con el futuro, las cosas que ya han pasado no se pueden cambiar y el futuro aun esta por venir con muchas sorpresas que descubrir. Observa tus pensamientos y visualiza a donde te quieres dirigir y empezaras a centrarte en el aquí y el ahora.

La meditación ayudara a crear a tu alrededor un ambiente de tranquilidad y armonía, llena tu casa de aromas, colores, haz cambios. **Conviértete en un imán de energía positiva y acoge a la paciencia, la tranquilidad y la calma en tu vida.**

Elimina las Excusas: en el transcurso del desarrollo de nuestro proyecto encontraremos motivos variados relacionados con simples excusas que tienen que ver con nuestra voluntad, es importante darnos cuenta de lo que está en juego al dejar a un lado nuestro proyecto.

Cómo solucionar las excusas:

"No tengo tiempo para…" Sugerencia de Solución:

- ✓ Levántate más temprano,
- ✓ No veas televisión,
- ✓ Organízate usa sticky notes,

- ✓ Acuéstate más tarde,
- ✓ Has una lista de 5 cosas que dejaras de hacer que te están quitando tiempo.
- ✓ Elimina personas de tu circulo que solo roban tiempo.

"Estoy muy viejo para hacer ejercicios…" Sugerencia de Solución: Te asombraras si vas al gimnasio y encuentres personas mayores que tú en mejores condiciones.

- ✓ Haz ejercicio en casa.
- ✓ Decide caminar 30 minutos.
- ✓ Estírate 3 veces al día en casa, oficina, al bajarte o subirte al auto.

"No tengo ropa adecuada…" Sugerencia de Solución: Estoy segura de que en tu closet encontrarás algo adecuado que puedas usar o en algún garaje o tienda económica.

- ✓ Llama a una amiga o amigo y pídele su opinión sobre ropa.
- ✓ Mírate un video en YouTube sobre ética en la vestimenta.
- ✓ Léete un libro sobre Psicología sobre indumentaria.
- ✓ Analiza revistas sobre modas.
- ✓ Búscate un mentor sobre como vestir.

Mi punto es si algunas de estas frases están en tu lista estás en un problema de actitud.

Lo mejor es romper las excusas y entender el beneficio que te dará al realizar lo has pensado hacer o que quisieras realidad. Hay gran satisfacción al realizar la actividad.

Aplica la regla de los 2 minutos

Una sencilla estrategia para deshacerte de la pereza y tomar acción hacia tus metas es la regla de 2 minutos.

David Allen en su libro Getting Things Done dice: "**si una actividad que debes tomar no te lleva más de 2 minutos debes hacerla ahora mismo**".

1. Identifica cuáles son esas tareas que debes hacerlas y que te toma menos de dos minutos hazlo ahora: cómo lavar los platos a terminar de comer; tender la cama al levantarte, sacar la basura, meter ropa a la lavadora, revisar tu email, etc....

2. Cuáles son las tareas que te llevan más tiempo, debes hacerlas para alcanzar tus metas y no inicias? al

iniciar con un nuevo hábito el cual te llevará más de dos minutos en hacerse, ya que no todas las metas pueden alcanzarse en dos minutos, pero si pueden iniciar en menos de dos minutos lo cual es el propósito de esta regla! Veamos cómo es que funciona tanto en pequeñas metas como grandes, ya que una vez que comienzas a hacer algo es más fácil continuar haciéndolo.

¿Quieres comer saludable? (Regla de 2 min) come un poco de fruta y verás que inspirado comenzarás a comer una ensalada sana.

- ¿Quieres crear el hábito de la lectura? (Regla de 2 min) Comienza con la introducción de un libro, y en lo que menos piense estarás leyendo los primeros 3 capítulos.
- ¿Quieres hacer ejercicio? (Regla de 2 min) Prepara tu ropa un día

antes y pon tus tenis a la vista y comienza! pronto sentirás el beneficio.

La regla de "2 minutos" no se trata de los resultados que quieres alcanzar, sí no del proceso de hacer la actividad. El enfoque está en actuar y dejar que las cosas fluyan.

Cambia tu percepción hacia la fuerza de voluntad

Nosotros somos Co-Creadores de nuestras experiencias de vida.

La percepción es la interpretación personal que hacemos de la realidad, cómo percibimos depende de cómo nos vemos a nosotros mismos. Si no me escuchó nadie me escucha, si no me valoro, nadie me valora, esta forma de pensar automática más tarde se transforma en creencias.

Según somos así vemos al mundo y según vemos al mundo, así creemos ser.

Activa el Cambio Hoy

Academia de Transformación ©

Te invito a experimentar estas formas de cambiar la percepción sobre nuestra realidad y así conseguir grandes cambios tanto a nivel individual, como en la relación con otros.

1.-Cuestiona tu forma de actuar

2.- Cambia las creencias

3.-Deja de hablar del otro

4.- Si yo cambio todo cambia

5.- Encuentra la intención positiva

6.-Divide tus tareas en pequeños segmentos

7.-Haz una lista de los proyectos que quieres lograr.

En resumen, para cambiar analiza estos **3 Puntos: es razonable, es posible y es mi voluntad.**

La misma experiencia del cambio de percepción te hará saber además que es el único modo auténtico de hacer un beneficio sustancial y profundo a ti mismo y a tu entorno en cualquier situación de conflicto.

"La voluntad obstinada de perseguir una ambición propia, es verdaderamente una fuerza que puede hacer superar obstáculos" -- Enzo Ferra

Recuerda nada por obligación es agradable, busca los mejores momentos del día para realizarlos, comienza por las tareas más sencillas, y comienza con rutinas diarias hasta que las conviertas en hábitos.

Qué hacer cuando sientas que te falla la fuerza de voluntad pregúntate:

¿Tal vez no estás motivado? ¿Realmente es algo que deseas? ¿No sabes cómo Hacerlo?, ¿tal vez crees que no vas a lograrlo? ¿Tienes miedo de que no salga bien? Por miedo al fracaso, a la crítica, tal vez piensas que no vale la pena.

Tener una actitud positiva, confiar en que, si puedes lograr lo que te propongas, solo tienes que aprender a vencer obstáculos, aprender una conducta o hábito tenemos que practicar, equivocarnos, corregir y seguir practicando.

INSPÍRATE CON ESTA HISTORIA EJEMPLAR: "Pese a que durante su época como empresario y magnate de la industria del metal pagaba a sus empleados los usuales sueldos bajos de la época, luego de vender Carnegie Steel Company donó gran parte de su acaudalada fortuna en realizar obras de filantropía.

Esto debido a que él pensaba que la vida de un empresario acaudalado debía comprender dos facetas. La primera es la acumulación de la riqueza. La segunda era la distribución de la misma para causas nobles.

Carnegie construyó y financió más de 3,000 bibliotecas, parques, universidad, escuelas, museos, expediciones arqueológicas, entre otras obras en Estados Unidos y Reino Unido, creando también un fondo de pensiones para empleados de gran antigüedad.

Dentro de las obras más importantes que financió destacan:

- Donación para fundar el laboratorio histológico, hoy conocido como Laboratorio Carnegie, en el Centro Médico de la Universidad de Nueva York.

- Principal inversionista en la reconstrucción de Johnstown, una ciudad de Pensilvania que sufrió una terrible inundación en 1889 que dejó más de 2 mil muertes. Cabe mencionar que la catástrofe ocurrió debido a una falla en el dique de South Fork, propiedad del mismo Carnegie.

- Construcción del Carnegie Hall, una de las salas de conciertos más icónicas de Manhattan.

- Creación de Carnegie Institute of Washington, una organización sin fines de lucro que busca apoyar la educación, la cooperación internacional, el desarrollo de países tercermundistas y la búsqueda de la paz mundial.

- Carnegie Endowment for International Peace, un think tank global que publica libros, manuales políticos, periódicos y artículos.

- Creación del Instituto Carnegie de Tecnología en Pittsburg, actualmente llamada Carnegie Mellon University."

- biografía de Andrew Carnegie
Fuente: Wikimedia Commons.

"La manera más efectiva de hacerlo, es hacerlo" - Amelia Earhart

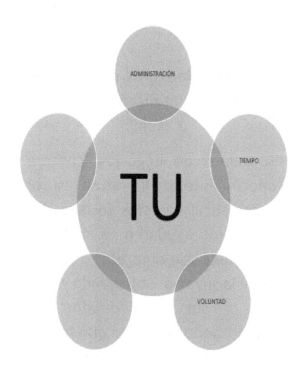

Factor 4

Disciplina

La disciplina tarde o temprano vencerá la inteligencia - Yokoi Kenji.

"Su olfato de negocios, carisma y conocimientos de literatura, así como su presencia en actos sociales desde joven, lo ayudaron a establecer sociedades con empresas que hacían lo que la suya no, obteniendo ventajas sobre sus competidores y vislumbrando el rumbo que tomarían las industrias." - biografía de Andrew Carnegie Fuente: Wikimedia Commons.

Honestidad, Activa Empoderamiento

Academia De Transformación ©

Ejercicio: Escoge dos áreas o palabras que sean sinónimo de resultados en tu vida y dos áreas o palabras que sean sinónimo de Fracaso en tu vida, luego escríbelos en cualquiera de los 4 círculos. **Después ponle un porcentaje de atención, tiempo o enfoque que le dedicas a ello.**

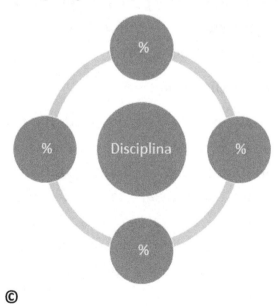

©

La disciplina fue crucial en la formación de Andrew para llegar a ser un experto en los negocios. Sin disciplina en cualquier persona no hay éxito. Debemos entenderlo pronto y aplicarlo.

Veamos algunas definiciones sobre disciplina de acuerdo a la fuente de www.significados.com nos llevará a un laboratorio de reeducación. Analicemos la palabra **disciplina, autodisciplina, indisciplina** por www.significados.com

Qué es Disciplina:

"La **disciplina** es la **capacidad de las personas para poner en práctica una serie de principios relativos al orden y la constancia**, tanto para la ejecución de tareas y actividades cotidianas como en sus vidas en general. Como tal, la palabra proviene del latín *disciplīna.*"

"La disciplina, pues, es una **virtud moral** asociada a la capacidad para llevar una vida ordenada en concordancia con nuestros principios, deberes, objetivos y necesidades, y en observancia de las normas de comportamiento social." - Fuente www.significados.com

Qué es Autodisciplina:

"La autodisciplina es la **capacidad de seguir reglas impuestas personalmente, con orden y constancia, usando solo la fuerza de voluntad**." - Fuente www.significados.com

"La autodisciplina es una virtud que se adquiere con constancia. Ser una persona disciplinada implica enfocarse en las metas que se desean alcanzar, ya sea, en el ámbito personal, laboral o académico." – Fuente www.significados.com

Después de leer estas definiciones te darás cuenta que la disciplina es de mucha importancia, de entrada, te digo no se logra de la noche a la mañana y que ayudaría mucho si desde niños hubiéramos aprendido y aplicado, ya que las disciplinas son un gran beneficio para nuestra vida, en todas las áreas, personales, sociales y profesionales, la buena noticia es que nunca es tarde para comenzar y aprender a llevar una vida disciplinada siempre tendrá beneficios.

Cuando eres disciplinado entras a otra dimensión de resultados como los siguientes:

1.- Consolidas Hábitos.

2.- Lograr Objetivos.

3.- Mejora tu Autoestima.

4.- Inspiras a Otros.

5. - Incrementas Autoridad.

6. - Dúplicas Fuerzas.

7. - Activas el poder de la creación.

Entre otros. La disciplina es el mundo de los héroes.

Qué es la Indisciplina:

"La palabra indisciplina se refiere a la **falta o ausencia de disciplina**. Está formada por el prefijo *in-*, que significa negación, y la palabra -*disciplina*."

"Si la disciplina es la capacidad del individuo para practicar principios de orden y constancia, sea en el campo de la moral o en el campo de los oficios, la indisciplina, al contrario, será la incapacidad del individuo para dominar sus impulsos y adecuarse al conjunto de normas y preceptos necesarios para la integración social o

laboral." Fuente
www.significados.com

Consecuencias

Por lo contrario, la falta de disciplina tarde o temprano nos llevará a perder grandes oportunidades y será la responsable de una vida de:

- Mediocre.

- Fracaso.

- Excusas.

- Incompleto.

- Siempre tarde.

- Escasez.

Hay gente que tiene la audacia de echarle culpa a otros de sus mediocridades sin comprender que ellos son los culpables de su condición y resultados.

Falta de dinero es la falta de disciplina en la administración del dinero que ya se posee. Mucha gente es pobre simplemente porque nunca ha aprendido a darle dirección a lo que sí tiene.

Si no eres una persona de impacto No es otra forma de mostrar que no has activado tu potencial puesto en la famosa disciplina del desarrollo personal continuo. No aprecian alimentar la mente y cuidar cada pensamiento que producirá los resultados satisfactorios.

Algo más grave en la disciplina no solo es No tener lo mencionado sino también pierdes lo que ya posees. Tu inteligencia disminuye, tus poderes como la voluntad; elección, decisión, capacidades como creatividad, intuición se debilitan y sin buscarlo te encuentras confuso, débil y lleno de vicios en lugar de hábitos de gente exitosa.

Si te gustaría reconsiderar tu condición y transformar tus debilidades te recomendamos nuestro libro: La metamorfosis del éxito y o coaching en la academia www.transformatuvida.net

Quién quiere llegar, busca caminos; quien no quiere llegar, busca excusas.

-Vicente Cassanya

Sistema de Academia De Transformación © para posicionarse en el Éxito

3 Niveles de Gigantes

"Dime y lo olvido, enséñame y lo recuerdo, involúcrame y lo aprendo". Benjamin Franklin

<u>La disciplina es la plataforma para alcanzar el éxito.</u>

Es la fuerza de voluntad puesta en marcha y poderosos resultados.

Para lograr ser disciplinado Yokoi Kenji habla de 3 niveles importantes que tenemos que aprender y aplicar, lo cual me hace sentido y te los comparto.

- Ser organizado,

- Ser Limpio,

- Ser Puntual.

La Organización: Ser organizado es la clave de la disciplina simplifica nuestra vida al grado de vivir más tranquilos y sin estrés. Comienza por disponer de un lugar para cada cosa bautiza los espacios donde van las llaves, tus zapatos, vasos, tu ropa interior etc... y acostumbra a regresarlo a su lugar al terminar de usarlo.

Adquiere un archivo para tus documentos, lleva una agenda organizando tus tiempos y actividades, dedica un día para organizar tus espacios.

El desorden externo es el reflejo del desorden dentro de nuestras cabezas y viceversa y vivir así puede causarnos ansiedad.

Elimina constantemente lo que no necesitas, valora los espacios, si no eliminas seguirás acomunando y no habrá espacio para que lleguen cosas nuevas a tu vida.

La Limpieza: Ser limpio es un hábito muy importante y tiene sus grandes ventajas, **si tú baño** está limpio y ordenado podrás darte una ducha relajante, si **tu recámara** está ordenada y limpia tu mente se desconecta mejor, tu mente no se distrae con el desorden y tu sueño será reparador. Ahora imagínate **tu oficina,** limpia, documentos en orden, libros en su lugar, podrás utilizar tu tiempo más efectivamente, tu concentración, tu productividad más efectiva.

Claro que no se trata de volvernos esclavos de la limpieza, si no de comprender todo lo positivo que nos aporta en nuestra vida tener limpia nuestra casa, nuestro carro, nuestra oficina, nuestra persona, si ensucias algo limpia inmediatamente.

Tener y ser limpios siempre ayuda muchísimo **En nuestra salud Física**, reduce riesgo de alergias, enfermedades virales, digestivas, **En la Salud mental**, mayor concentración, agilidad, Evita problemas de insomnio, **En la salud emocional** menos estrés, no frustraciones y **En lo económico** serás más eficiente y productivo con más ideas para tus proyectos.

<u>**La Puntualidad**</u>: Como latinos hemos creado una fama de llegar tarde constantemente y hasta chistes se generan," bueno por lo menos a nuestro propio funeral siempre somos los primeros antes que lleguen todos los demás."

Utilizamos frases como: en un segundo estoy ahí, ya te caigo o estoy a un paso de llegar. Cuando la mayoría de las veces no hemos ni salido de nuestra casa u oficina.

El Rey de Francia Luis XIV hace más de 300 años dijo "La puntualidad es la cortesía de los Reyes" ya que la puntualidad era la mejor manera para mostrar no nada más cortesía también el respeto hacia ellos y hacia las personas con las cuales se reunían.

El Tiempo es muy valioso y si nosotros no le damos valor a nuestro tiempo por lo menos respetemos el tiempo de los demás.

Cuando entendamos el beneficio y el funcionamiento de estos factores habremos creado el más beneficioso hábito en nuestra vida que podrás aplicar en todo momento, circunstancia, problema etc...**La disciplina.**

"Quien quiere llegar busca caminos, quien no quiere llegar busca excusas"
- Vicente Cassanya

Direcciona tu Vida

Academia de Transformación ©

Ejercicio: Escoge área / palabra y escribe el porcentaje que le dedicaras de ahora en adelante basado en tu disciplina.

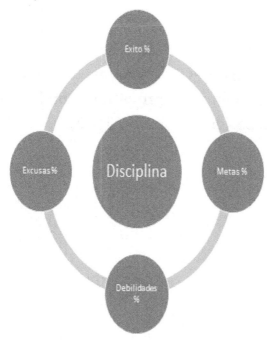

"Olvídate de la vía rápida. Si realmente quieres volar, simplemente aprovecha el poder de tu pasión". - Oprah Winfrey

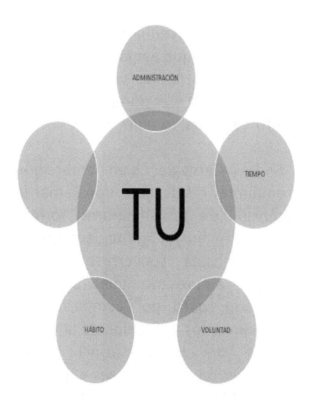

Factor 5

Creando Hábitos

"He fallado más de 9.000 tiros en mi carrera. He perdido casi 300 partidos. 26 veces han confiado en mí para tomar el tiro que ganaba el partido y lo he fallado. He fracasado una y otra vez en mi vida y es por eso que tengo éxito". Michael Jordan

"Andrew Carnegie fue un hombre que rompió las reglas, que supo llamar la atención de sus superiores, formar alianzas y buscar continuamente la mejora hasta convertirse en un exitoso empresario que, una vez realizado, optó por compartir sus conocimientos y su visión de la vida a través de la filantropía y la construcción de inmuebles culturales y educativos que a la fecha nos recuerdan la historia de superación de uno de los máximos líderes empresariales." – biografía de Andrew

Carnegie   Fuente: Wikimedia Commons.

Solo hombres y mujeres con **los hábitos correctos** llegan a donde llegó Carnegie. ¿Adónde has llegado? Escribe tus logros:

_____

_____

_____

_____

_____

_____

_____

_____

_____

_____

¿A dónde deseas llegar? Escribe los niveles a donde deseas llegar:

_____

_____

_____

_____

_____

_____

_____

_____

_____

_____

Generalmente cuando comenzamos un proyecto, idea, meta, sueño comienzas a recopilar información y seguramente has encontrado en diversas ocasiones la palabra "Motivación" en frases: Si quieres alcanzar tus metas mantente motivado, o como mantente motivado, o tal vez rodéate de personas motivadas, cómo motivar a otros, etc.

La motivación es algo que en algún momento surge en ti, ya sea por algo que lees, miras o escuchas. Es lo dado por alguna otra sustancia o circunstancia exterior, es posible automotivarse, pero ¿acaso no es agotador tener que encontrar constantemente las razones o causas de acción?

En la búsqueda de encontrar el secreto en las historias de personas con éxito descubrí que hay algo que todas esas historias comparten y es el **hábito.**

"El buen hábito es él oxígeno en él vida exitosa" - Olga Toscano

El hábito es similar a la motivación, ya que te impulsa a trabajar, pero mientras que la motivación puede ser fugaz, el hábito es intrínsecamente constante, es algo en lo que trabajas todos los días hasta que ya no tienes que pensarlo más.

El cambio en una persona viene de la consistencia; y la motivación, aunque ocasionalmente es útil, no es una herramienta real para el cambio. Los hábitos sí lo son.

Pero ¿cómo construir un hábito?, y, ¿qué tipo de hábitos debe uno usar? ¿que son?, ¿Como funcionan?, ¿Como adquirirlos, cambiarlos...?

Estoy seguro de que en muchas ocasiones has intentado **cumplir algún propósito en tu vida** cómo: Hacer ejercicios regularmente, comer más sano, **levantarte temprano**, ser más disciplinado, etc. Al intentar comienzas con muchas ganas y fuerzas, pero al pasar los días pierdes el enfoque, la intención, la emoción y abandonas el proyecto, actividad etc.

En mis intentos por lograr practicar la meditación, cada mañana aún acostada en mi cama escuchaba una meditación guiada y terminaba dormida y sin lograr la concentración, después me recomendaron que preparara un lugar específico que lo adecuara, lo pusiera cómodo para así lo pudiera concentrarme, no te voy a mentir me llevo un par de meses adecuarlo, pintarlo, conseguir los tapetes, los cojines, el incienso, todo lo que yo había visualizado, ahora solo me faltaba la acción, pues constantemente tenía diferentes excusas, el ejercicio, llevar la niña a la escuela, el tiempo o simplemente no me levantaba con tiempo.

Hasta que un día escuche esta recomendación que **para crear un hábito más efectivamente** lo comenzará como un **ritual** así que inmediatamente seleccione el espacio que tenía disponible en casa, como tengo 5 recamaras y solo vivimos 3 en casa fue sencillo dedicar una recámara a mi meditación, primero lo visualicé puse la carpeta blanca, un infusor de aromas y uno para incienso, una pequeña fuente con agua, un bocina para poner música de meditación, y cada mañana me preparo un té de chai, menta o limón y comencé por 15 minutos cada día de lunes a domingo, al principio me fue difícil lograr la concentración al 100 pero cada vez voy mejorando y al notar los beneficios he aumentado a 30 minutos todos los días sin importar las circunstancias, comencé haciendo planes de 21 días consecutivos los falle las primeras 2, pero ahora Tengo 3 meses consecutivos con éxito, aunque me inquietaba que dentro de 20 días iba a salir de viaje por una semana el reto para mí era poder continuar la meditación fuera de mi espacio habitual. ¡Y si lo logre!

Lo mismo para organizarme con mis finanzas en diciembre tengo el hábito de ir y comprar todo lo que necesito agenda, carpetas, plumones, archivos y cada año estoy lista para comenzar a ordenar todos los documentos, recibos y pagos y llevar mejor control y rendimiento en mis finanzas.

Y así fue cuando comencé a escribir, comience con grandes planes, metas, emoción, escribía todos los días, después vas tomando días de descanso especialmente cuando terminas el primer proyecto, te ocupas en presentaciones, tomas un descanso, hasta que un día me llamó mi mentor recordándome y haciéndome ver cómo era que estaba postergando mi siguiente proyecto, mis sueños, y tome acción después de esa buena plática.

Me doy cuenta que la mayoría de humanos le sucede lo mismo tantas distracciones te sacan de tus metas, sueños y sin darte cuenta lo vas posponiendo, alargando hasta llegar a la posibilidad de abandonar.

Y esos hábitos comienzan desde los sencillos como el tender la cama hasta ese gran proyecto que dejaste a medias por haber perdido la motivación.

Cuando descubres que venimos a esta vida con un propósito, una misión, y te das cuenta de tus facultades, y tienes aspiraciones y claro tu enfoque de tus metas y las vas logrando poco a poco vas encontrando un sentido a tu existir.

"Nunca olvides que todo depende de Ti" - Olga Toscano

Crear hábitos para lograr tus objetivos es excelente al entenderlo verás cómo los realizarás sin importar tu estado de ánimo porque son parte de tu rutina diaria.

¿Qué son los hábitos?

Los hábitos **son el resultado de una acción que repites frecuentemente de forma inconsciente.** Son **acciones repetidas que forman reflejos condicionados** o sea acciones que realizamos de forma automática que no requieren de mucho esfuerzo ni motivación para realizarlas.

Algunos ejemplos son:

- Lavarte los dientes en la mañana.
- Bañarte.

- Apagar las luces antes de irte.
- Encender el radio del auto.
- Quitarte los zapatos cuando llegas a la casa.
- Llevar a los niños a la escuela.
- Juzgar antes de escuchar.
- Ir a trabajar.
- Molestarte por todo.
- No leer.
- La Falta del análisis crítico y profundo.
- Ir a la iglesia.
- Comer etc.

Todos esos pequeños hábitos que conforman nuestra vida dirigen nuestra vida. Estos hábitos, aunque parecen poco significante, ejercen un enorme impacto en la vida, en el cuidado de la salud, el logro de metas y las relaciones personales.

El cerebro asimila hábitos, y no sabe distinguir cuáles son buenos y cuáles son malos. No se puede eliminar un hábito lo que sí podrás hacer es sustituir un hábito por otro más productivo, lo lograrás analizando qué hábitos te pueden ayudar a vivir una vida feliz y productiva y modificarlos. Te aconsejó cambiar solo un hábito a la vez.

Crea un Nuevo Hábito

Academia de Transformación ©

Cómo iniciar un nuevo hábito

Hay tres leyes que inculcan y mantienen un hábito ya sea bueno o malo se le conoce como la regla de las 3 R'S y consiste en lo siguiente:

Recordatorio: Estímulo que inicia el comportamiento.

Rutina: La acción ejecutada.

Recompensa: El beneficio que obtienes luego de realizar la acción.

La parte crítica de cualquier hábito es recordarlo. Es difícil hacer un seguimiento de todo lo que hay que recordar, así que cuando intentes agregar algo a tu vida, no debes confiar en ti mismo para recordarlo todo el tiempo.

La mejor forma de crear un recordatorio es incluirlo como parte de tu comportamiento preexistente. Por ejemplo, si deseas leer con más frecuencia, mantén un libro al lado de tu cama y cuando te vayas a la cama, lo verás y este te recordará que debes tomarlo y leerlo.

<u>Crear una rutina</u> te será más sencillo al Asociar el nuevo comportamiento a una hora específica del día, tal vez a una persona, o un lugar el objetivo es que tengas estímulos ambientales para que actúen como señales para que se active automáticamente el comportamiento.

Se ha comprobado que **recompensar** por lograr la tarea difícil es una estrategia muy eficaz, ya que cuando una conducta va seguida de una recompensa es más probable que esta se vuelva a repetir. Especialmente si es una actividad incómoda o difícil para ti de realizar sería muy efectivo que aplicaras la estrategia de la recompensa: " si entonces" así que decirte a ti mismo si hago esta tarea por X tiempo puede ser una semana, 21 días, 1 mes, me premiare con algo que me gusta.

Lo que también debes tener en cuenta cuando trates de crear tus propios hábitos diarios es que estos sean apropiados para ti.

Elegir el hábito correcto

Un hábito es cuando se automatiza, de tal forma que sin pensar se ejecuta (sin motivación y sin fuerza de voluntad).

La desventaja es que algunos de esos hábitos en tu vida probablemente no son saludables y estarás repitiendo una y otra vez a pesar de que están perjudicando tu bienestar.

Por eso, nuestra meta es incorporar nuevos hábitos saludables en tu rutina diaria y, tratar de eliminar aquellos hábitos que perjudican tu salud y bienestar, ya sea social, económico, físico, emocional.

Aunque es clara la diferencia entre los hábitos no saludables y los hábitos saludables, es verdad que tienen muchas similitudes: ambos se forman por la repetición, son automáticos o inconscientes y traen una recompensa inmediata... te guste o no.

Veamos algunos ejemplos:

Hábitos saludables

1. Lavarse los dientes.
2. Hacer ejercicio.
3. Meditar.

4. Comer verduras en todas las comidas.
5. Comer frutas de postre.
6. Beber solo agua.
7. Dormir entre 7 y 8 horas cada día.
8. Moverte más durante el día.
9. Leer libros.
10. Analizar las cosas antes de reaccionar u opinar.
11. Pasar más tiempo con la familia o amigos.

Hábitos NO saludables

1. Beber bebidas azucaradas.
2. Beber alcohol.
3. Dormir menos horas de las necesarias.
4. Pasar demasiado tiempo en el móvil.
5. Fumar o cualquier otro vicio.
6. No hacer ejercicio o moverse muy poco.

7. Comer alimentos industriales.
8. Procrastinar tareas importantes.
9. Comer sin atención en los alimentos.
10. No terminar lo que te propusiste empezar.

Ejemplos muy claros y comunes la pregunta aquí es:

¿por qué tengo hábitos no saludables a pesar de que están afectando mi bienestar?

_____
_____
_____
_____
_____
_____

¿Cuáles hábitos necesito eliminar?

_____

_____

_____

_____

_____

_____

_____

¿Cuáles hábitos necesito comenzar?

_____

_____

_____

_____

_____

_____

_____

Academia de Transformación ©

CREA tu propia lista de los hábitos que se requieren para lograr tus objetivos en cada área y diseña el plan de acción recordando la regla de las 3 R'S.

Hábito — Objetivo — Recordatorio — Rutina — Recompensa

Caminar—Bajar peso—Tenis a un lado—6:3am—Pedicure

Puntual— ser responsable —Agenda—alarma— un libro

——————————————. —————— ————— ————

——————————————. —————— ————— ————

——————————————. —————— ————— ————

——————————————. —————— ————— ————

——————————————. —————— ————— ————

Ciertamente, todos tenemos hábitos que podríamos eliminar de nuestra vida, pero cambiar tu vida es más un proceso que una acción inmediata. Por lo tanto, dedica más tiempo al trabajo, establece horas para dormir, haz ejercicio todos los días, dúchate y prepárate cada día y dedica algo de tiempo para la familia y para la relajación. Pero también ten tiempo para amigos, para explorar, tiempo para Internet, tiempo para el entretenimiento y todos los otros hábitos que llenan la vida moderna. Lo importante es no dejar que estas cosas toman tiempo de las cosas realmente importantes que tienen que hacerse.

Puedes utilizar el mismo ejercicio para Eliminar Hábitos que te están perjudicando en tu vida.

CONCLUSIÓN

Desde muy pequeña me llamaba mucho la atención todo lo referente a la comunicación, televisión, dirigir mi propio programa, mi mama formo un grupo burbujas y nos presentábamos en fiestas infantiles con un show bien montado, me recuerdo que participábamos todos en familia mis hermanas y uno de mis hermanos, después formamos un grupo de baile Ritmo junto con mi hermana Mirtha y otras 2 amigas, siempre observaba en la televisión a las conductoras ellas me inspiraban no solo con su belleza, también su forma de hablar, de vestir, me recuerdo que una de mis hermanas Adelina se inclinó por la actuación y ella se aferró a su sueño hasta la fecha sigue haciendo lo que le apasiona, en ese entonces ella era guionista de un programa infantil en

Monterrey Mexico mi ciudad natal me gustaba acompañarla cada que podía y ver todo lo que ocurría tras las cámaras, toda la estructura del programa, desde la caracterización de personajes, escenario, guion, comerciales etc.

Cada que podía iba al canal y me metía haber el noticiero me encantaba ver cómo conducían, un día me hicieron un casting y me animaban mucho a que tuviera pequeñas participaciones, pero mi hermana me decía que no que ese mundo no era el mejor para mí solo tenía 15 años, y que mejor no descuidara mis estudios, después fui dejándome llevar por las opiniones de los demás y me excuse por no tener una buena voz, que era gangosa, etc.... y además teníamos el grupo de baile y me mantenía ocupada en los ensayos, la escuela en fin permití que mis deseos de ser conductora, se quedaran solo ahí en un sueño.

Ahora comprendo porque muchas personas se quedan a mitad de camino, pero también sé y te aseguro que si tomas la decisión de subirte de nuevo al Tren retomas tu camino, sin importar el miedo que sientes en este momento y estás dispuesto a pasar sacrificios, situaciones y que a pesar que no estás seguro de donde quieres llegar pero estar seguro que quieres algo mejor para tu vida y comienzas a descubrir y a diseñar el camino y tomamos en cuenta cada factor que en este libro te comparto, te facilitará el proceso, mientras exista vida hay esperanza.

Recuerda que vivimos en constante cambio, evolucionamos y el tiempo se nos escapa de las manos, como lo vimos en el **Factor 2** por estar sumidos en rutinas estresantes no nos damos cuenta que el tiempo pasa tan rápido y aunque lo queramos parar, regresar, detener es imposible, si hicieras un recorrido por el pasado que notarías, descubrirías en todo el tiempo que ha pasado, ¿lo administraste bien?, o permitiste que el estrés de la vida cotidiana te arrastrara a esa rutina estresante que no solo te paraliza, te roba tus sueños y te quita la fuerza de voluntad.

En el **factor 3** vemos cómo la fuerza de voluntad juega un papel muy importante en este proceso y descubrimos las posibilidades de lo que pudiera estar pasando, si estamos atrapados en la rutina del tiempo, o tenemos la duda de que estamos haciendo lo que deseamos, y constantemente nos preguntamos si el esfuerzo que estamos haciendo valdrá la pena, tal vez por no ver el resultado que queremos cuando lo queremos , te invito a que revises una vez más si tú actitud es la correcta , si tú energía es la adecuada, tal vez estás llena de excusas y no tienes soluciones.

Comienza a aplicar la regla de 2 minutos estarás haciendo grandes cambios, porque así es cómo funcionan las disciplinas en nuestra vida.

La sabia frase de Yokoi Kenji "La disciplina tarde o temprano vencerá la inteligencia" ¡Que frase tan acertada!, podemos tener toda la información necesaria, pero si no tenemos la disciplina para llevar a cabo nuestras tareas diarias las posibilidades serán menos de alcanzar nuestro objetivos, ten presente lo que vimos en el **5to factor** y escribe que te resuena cuando hablamos de la disciplina, Organización, Limpieza y Puntualidad.

Ya que serán base para cambiar, ajustar, abandonar ciertos hábitos que no nos acercan a nuestros objetivos.

El cambio en una persona viene de la consistencia; y la motivación, aunque ocasionalmente es útil, no es una herramienta real para el cambio. Los hábitos sí lo son.

Factor 4 los hábitos ten eso presente y trabaja diariamente en tu lista te aseguro que si tú logras trabajar en esos hábitos en poco tiempo estarás más y más cerca de ese cambio que tanto deseas alcanzar.

Te recomiendo que no estés esperando el tiempo perfecto, el tener todo para comenzar algunas ocasiones escuche personas diciendo cuando compre mi casa voy a hacer feliz, cuando encuentre el hombre de mi vida... cuando me saque la lotería.... Si yo tuviera... si yo fuera...

Vamos aprovecha los recursos que tienes ahora y aprende administrarlos como lo mencionamos en el **1er Factor** no se trata de estresarnos por conseguir todo lo necesario si no de comenzar con lo que tenemos, aprender administrar nuestros recursos, lo que sabemos y poco a poco y agregando algo más a nuestro conocimiento, a nuestro ahorro, a nuestro negocio, a nuestra familia, pero para ello tenemos que llevar un buen control administrativo y nunca, nunca dejar de aprender métodos que nos permitan llevar este plan hasta el final .

"La prosperidad no depende de la suerte, ni del talento innato, si no de

los conocimientos que vamos adquiriendo, tener un espíritu enseñable." – Olga Toscano

Seamos persistentes, la vida nos da la oportunidad de existir, pero nosotros tenemos que hacer nuestra parte, construye tu futuro en tu mente, plásmalo en tu alma, entiende que encontrarás críticos que te querrán robar el ánimo, la esperanza, no se los permitas permanece firme, con un entendimiento que habrá crisis, tiempos malos, otros no tan malos y unos muy buenos, estamos en una sociedad muy competitiva donde muchas veces serás medido como un triunfador o tal vez como un perdedor, pero asumir los fracasos como el proceso de conquistar tus sueños y que al final seas una persona que vivió con pasión, misión y alcanzaste tu felicidad.

Las reglas no siempre serán claras y así tienes que aprender a vivir, los desafíos llegarán y cuando menos los esperas. ¡Arriésgate! ¡Las buenas intenciones no son suficientes, **crea ACCIÓN MASIVA y vivirás una VIDA TRIUNFANTE!**

MEDITACIÓN
DEJA QUE BRILLE LA LUZ

TODO el contenido de este libro lleva como objetivo principal que tu potencial, experiencia, vida, luz alcance su propósito de existencia. Te comparto la parábola de las velas tal como lo comparte www.renuevo.com

"Cuatro velas se estaban consumiendo lentamente. El ambiente estaba tan silencioso que se podía oír el diálogo entre ellas.
La primera dijo:

— *¡Yo Soy la Paz! A pesar de mi Luz, las personas no consiguen mantenerme encendida* . *Y disminuyendo su llama, se apagó totalmente.*

La segunda dijo:

— *¡Yo me llamo Fe! Infelizmente soy superflua para las personas, porque ellas no quieren saber de Dios, por eso no tiene sentido continuar quemándome. Al terminar sus palabras, un viento se abatió sobre ella, y esta se apagó.*

En voz baja y triste la tercera vela se manifestó:

— *¡Yo Soy el Amor! No tengo más fuerzas que quemar. Las personas me dejan de lado porque solo consiguen manifestarme para ellas mismas; se olvidan hasta de aquéllos que están a su alrededor. Y también se apagó.*

De repente entró una niña y vio las tres velas apagadas.

— *¿Qué es esto? Ustedes deben estar encendidas y consumirse hasta el final.*
Entonces la cuarta vela, habló:

— *No tengas miedo, niña, en cuanto yo esté encendida, podemos encender las otras velas.*
Entonces la niña tomó la vela de la Esperanza y encendió nuevamente las que estaban apagadas.

¡Que la vela de la Esperanza nunca se apague dentro de nosotros!" - Fuente https://renuevo.com/reflexiones-las-cuatro-velas.html

Ahora queda vivir al Máximo de los 5 Factores para vivir vidas que brillen a su potencial.

El triunfo depende de la preparación previa, y si no te preparas lo suficiente, no te sorprendas por el fracaso.- Confucio.

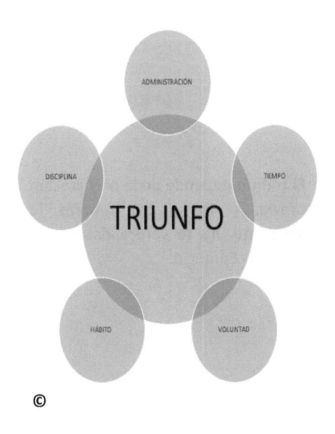

Invitación

Transforma TU Vida
Academia

Se parte de Academia de TRANSFORMACIÓN. Una Academia enfocada en la Salud Integral. Recuerda para seguir avanzando tenemos que balancear nuestra Vida: Espiritual, Emocional, Física, Social, Familia, Amor, Económica, Diversión. Sin descuidar ninguna.

Aprovecha hoy:

- COACHING

- PRODUCTOS

- CURSOS PRESENCIALES Y EN LINEA

- CONFERENCIAS

- TALLERES

Contáctanos   en
www.transformatuvida.net
Olga.toscano0120@gmail.com

713-471-1738

Sobre la Autora

Olga Lilia Martínez Alanís, nació en Monterrey N.L, México en 1970 en un hogar formado por 2 seres extraordinarios: Antonio Martínez Villarreal y Adelina Alanís Dimas, creció y asistió a la escuela en su ciudad Natal junto a sus tres hermanos y cuatro hermanas.

A temprana edad se desarrolló en el ambiente artístico en un grupo de baile, junto con otras tres niñas una de ellas su hermana.

 Siendo reconocidas en la ciudad y sus alrededores como grupo artístico "Ritmo" y haciendo sus presentaciones en teatros, televisión y en algunas ciudades alrededor, y en ocasiones acompañaron con la coreografía para algunos artistas locales.

Terminando su bachillerato A los 17 años se destacó siempre por las matemáticas y comunicación y un año después formó su familia. Inmigro a USA con su primera hija Xenia, Y a través de los años nacieron Oscar, Anel y Jacqueline.

Emigrar a un país donde no dominas el idioma no conoces la cultura no le fue fácil, tuvo desafíos se enfrentó a diferentes situaciones, sin embargo, cruzaron en su vida personas que de una manera u otra lograron desarrollar un liderazgo en ella, a las cuales les vive eternamente agradecida a cada una de ellas porque fueron parte de su transformación, lograron sacar lo mejor de ella en el ámbito profesional, en la industria de imprenta y marketing logró colocarse como Gerente de Producción en una empresa reconocida e internacional donde ejerció por años. La coordinación, planeación y estrategias de proyectos siempre ha sido su pasión.

Logrando meta tras meta en el ámbito profesional.

Sin embargo, en el 2002 apareció en su vida la persona que le cambio y le enseñó a disfrutar su Yo interno, su Yo mujer, que lo había dejado a un lado por estar cuidando él área profesional Ernesto Toscano, un hombre que la empodero, siempre apoyando sus proyectos e inyectando confianza en ella definitivamente un hombre que marcó su vida, y lo sigue haciendo cada día.

En 2014 la vida le presentó un desafío grande que fue el enfrentarse con la noticia del diagnóstico de un cáncer en la familia su hermana menor una mujer guerrera a la cual le dedica cada día todos sus esfuerzos Diana Martínez Alanís, explica Olga la bendición y la gran oportunidad que Dios le dio de poder estar el proceso de acompañar a su hermana hasta el momento de su partida fueron los 4 meses El tiempo mejor invertido en su vida.

Sucesos que han dejado enseñanzas y huellas en el alma.

Este último nos comenta: Viví la experiencia de la transacción de la vida a la muerte y darte cuenta que al partir de este mundo solamente te transformas al mundo de la no forma y que aquí solo estamos de paso, viviendo una experiencia terrenal, he aprendido a disfrutar cada suceso y cada oportunidad de vivir cada día de una manera que no pierdo mi paz interior.

Hoy en día se dedica de tiempo completo en él área de bienestar, a dictar talleres informativos y de ayuda a la comunidad a tener una vida activa y saludable.

El mejor proyecto de su vida nos comenta es el de Transformación Integral Transformaciones de adentro hacia afuera, Donde ayuda a las personas a ver el punto de partida y descubrir hacia dónde se dirigen en salud Espiritual, Emocional, Personal, Física y Económica.

Para así lograr un balance que te permita diseñar tu éxito personal e inspirarte a lograrlo.

Su Filosofía: Somos seres espirituales, viviendo una experiencia Humana , y Estamos aquí para ser feliz , sus maestros las experiencias de la vida, los libros, se identifica con la filosofía del Dr.Wayne Dyer, su certificación como Coach de TRANSFORMACION en la escuela de ICG y Miembro de la organización Caminos.

Es Autora del libro La Metamorfosis del Éxito publicado el 2018 y puedes ordenarlo en Amazon.

Contacta sus servicios o mírate los recursos para continuar con tu capacitación de éxito **www.transformatuvida.net**

Made in the USA
Columbia, SC
28 September 2019